오! 비행기

초판 1쇄 발행 2022년 12월 7일 | 초판 2쇄 발행 2025년 9월 10일 | 그림 폴 크라프트 | 글 에므리크 장송 | 옮긴이 양진희 | 감수 조 훈 | 책임편집 박은덕 | 편집 조은숙 | 디자인 이지영 | 펴낸이 권종택 | 펴낸곳 (주)보림출판사 | 출판등록 제406-2003-049호 | 주소 10881 경기도 파주시 광인사길 88 | 전화 031-955-3456 | 팩스 031-955-3500 | 홈페이지 www.borim-press.com | 인스타그램 @borimbook | ISBN 978-89-433-1514-6 77550 / 978-89-433-1174-2 (세트) | Avions ⓒ 2018, Éditions Milan, France | Korean translation ⓒ 2022, Borim Press | Korean edition is published by Borim Press with arrangement through Pauline Kim Agency, Seoul, Korea | 본 저작물의 한국어 판권은 Pauline Kim Agency를 통해 Éditions Milan 사와 독점 계약 한 (주)보림출판사에 있습니다. 한국 내에서 저작권법에 따라 보호를 받는 책이므로 무단 전재 및 무단 복제를 금합니다. ⚠주의 : 책 모서리가 날카로우니 던지거나 떨어뜨리지 마세요.(사용연령 3세 이상)

*일러두기 : 항공기 이름에 이탤릭체를 쓴 것은 항공기의 애칭이며, 뒤에 적은 연도는 첫 비행 연도입니다.

오! 비행기

폴 크라프트 그림
에므리크 장송 글
양진희 옮김
조 훈 감수

바람이

차례

항공기의 시작
8

브레게 XIV
10

제1차 세계 대전의 전투기
12

수직 이착륙 항공기
20

군용기
18

포케불프 Fw 190D-9 도라
16

제2차 세계 대전의 전투기
14

현대전의 전투기
22

다쏘 라팔 M
24

헬리콥터
26

곡예비행기
28

지 비 R-1
30

여객기
40

비즈니스 항공기
42

찾아보기
60

캐나데어 CL-415
38

보잉 787 드림라이너
44

우주선
58

수상기
36

대형 항공기
46

무인기
56

경량 항공기
34

에어버스 A330-743L 벨루가XL
48

보무트 V-173 플라잉 팬케이크
54

초경량 항공기와 글라이더
32

기록을 보유한 항공기
50

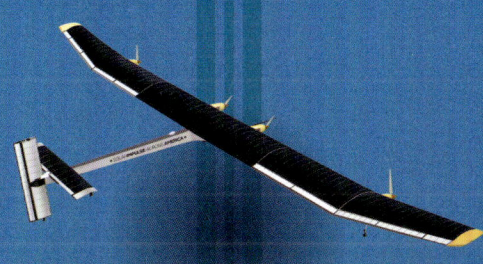
친환경 항공기와 특이한 항공기
52

항공기의 시작

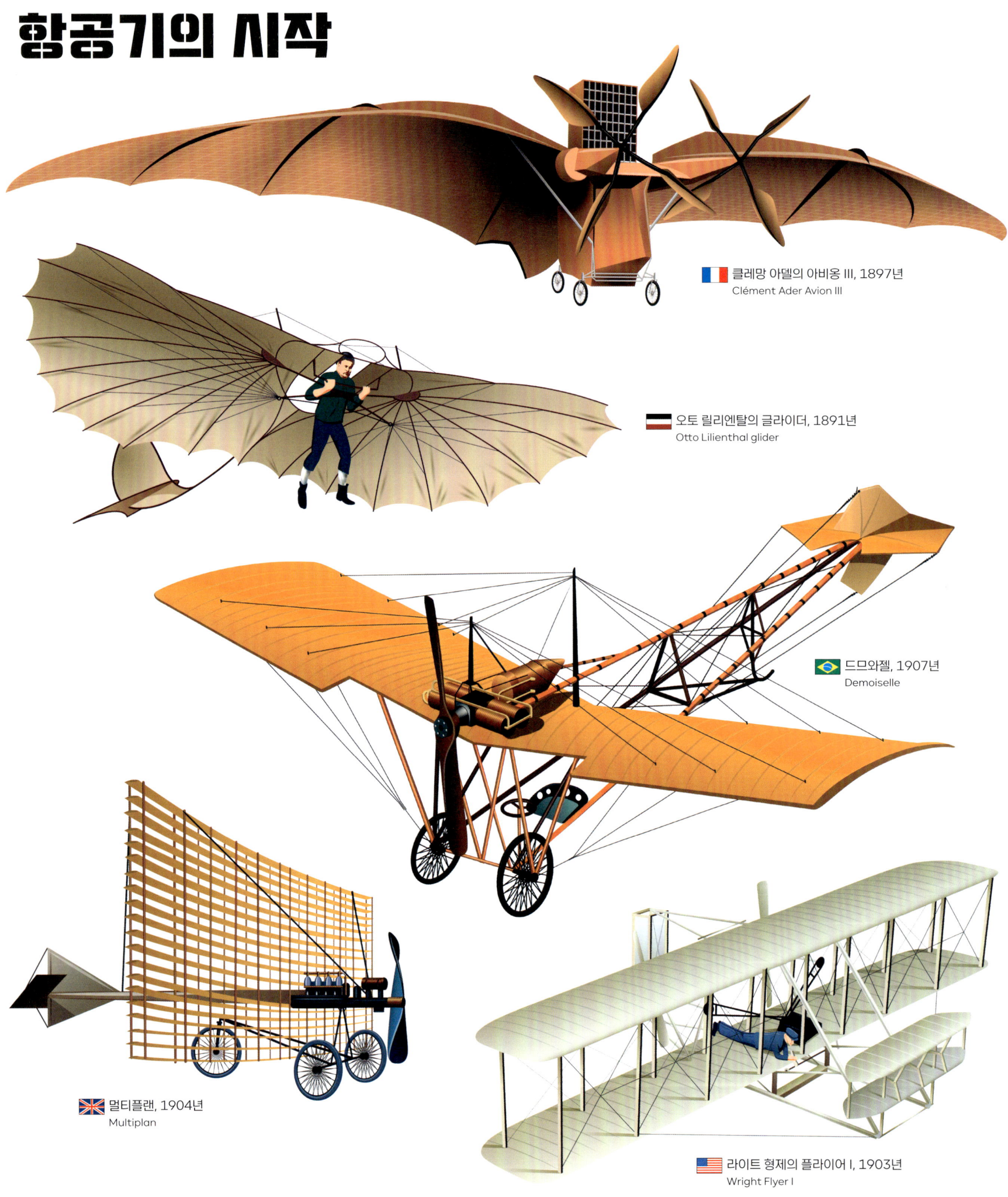

클레망 아델의 아비옹 III, 1897년
Clément Ader Avion III

오토 릴리엔탈의 글라이더, 1891년
Otto Lilienthal glider

드므와젤, 1907년
Demoiselle

멀티플랜, 1904년
Multiplan

라이트 형제의 플라이어 I, 1903년
Wright Flyer I

브레게 XIV

🇫🇷 브레게 XIV, 1916년
Breguet XIV

브레게 XIV는 군용기이면서 민간 항공기이고, 정찰기이면서 폭격기입니다.
또한 최대 4인승 여객기이면서도 우편물 수송기이기도 합니다.
이 견고한 복엽기는 제1차 세계 대전이 끝나고 1928년까지 만능으로
사용된 다목적 항공기예요.

제1차 세계 대전의 전투기

포커 D. VII, 1918년
Fokker D. VII

에어코 DH.2, 1915년
Airco DH.2

파르망 MF.11, 1914년
Farman MF.11

포커 Dr.I, 1917년
Fokker Dr.I

아비아틱 B.I, 1914년
Aviatik B.I

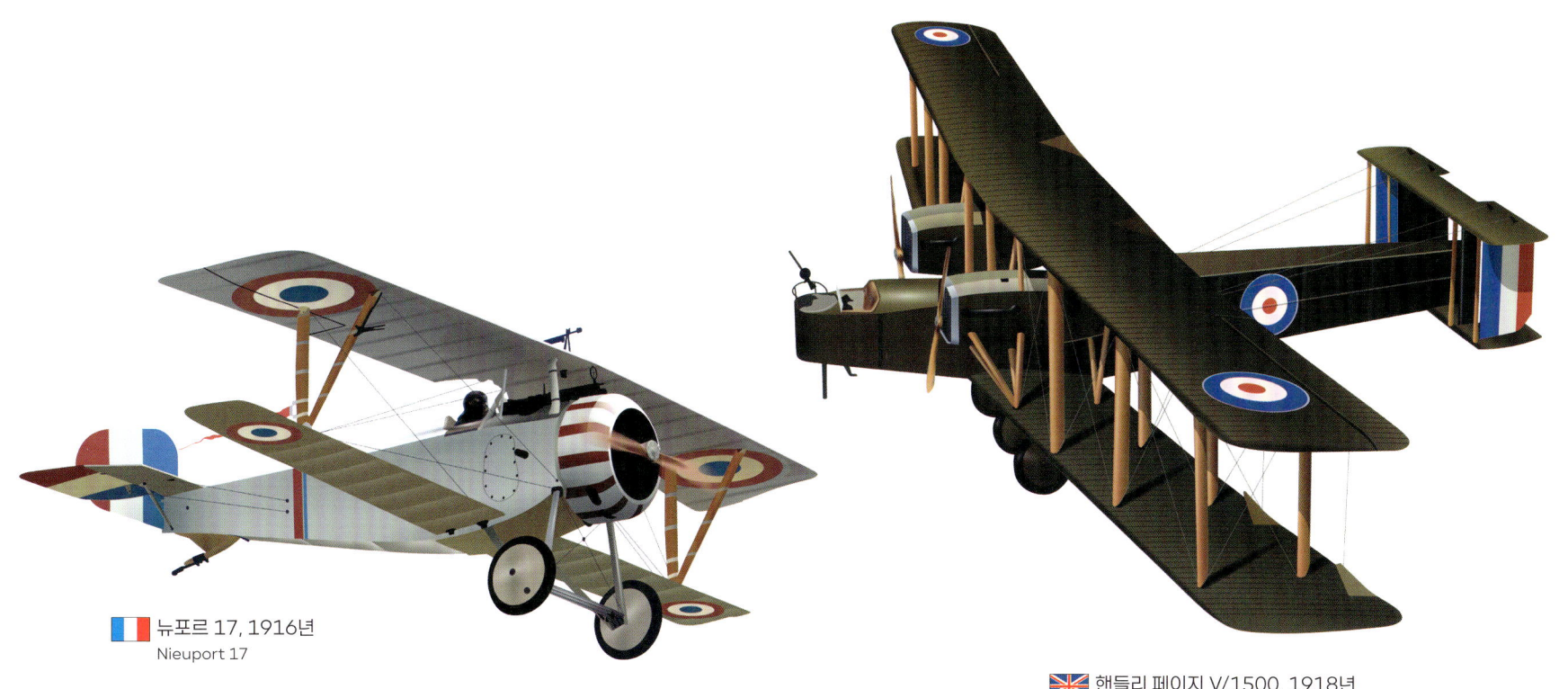

뉴포르 17, 1916년
Nieuport 17

핸들리 페이지 V/1500, 1918년
Handley Page V/1500

앨버트로스 D.V, 1917년
Albatros D. V

로열 에어크래프트 팩토리 S.E.5, 1917년
Royal Aircraft Factory S.E.5

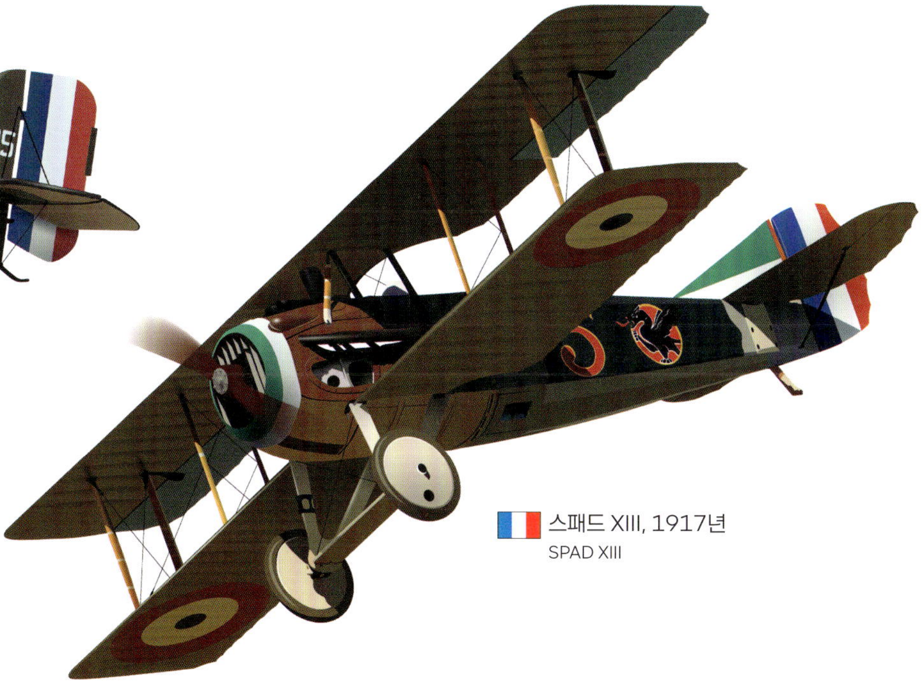

스패드 XIII, 1917년
SPAD XIII

제2차 세계 대전의 전투기

일류신 Il-2 슈투르모빅, 1939년
Ilyushin Il-2 Sturmovik

융커스 Ju 87 슈투카, 1935년
Junkers Ju 87 Stuka

메서슈미트 Bf 109, 1935년
Messerschmitt Bf 109

메서슈미트 Me 262, 1941년
Messerschmitt Me 262

슈퍼머린 스핏파이어 LF Mk IX, 1941년
Supermarine Spitfire LF Mk IX

보우트 F4U 콜세어, 1940년
Vought F4U Corsair

포케불프 Fw 190D-9 도라

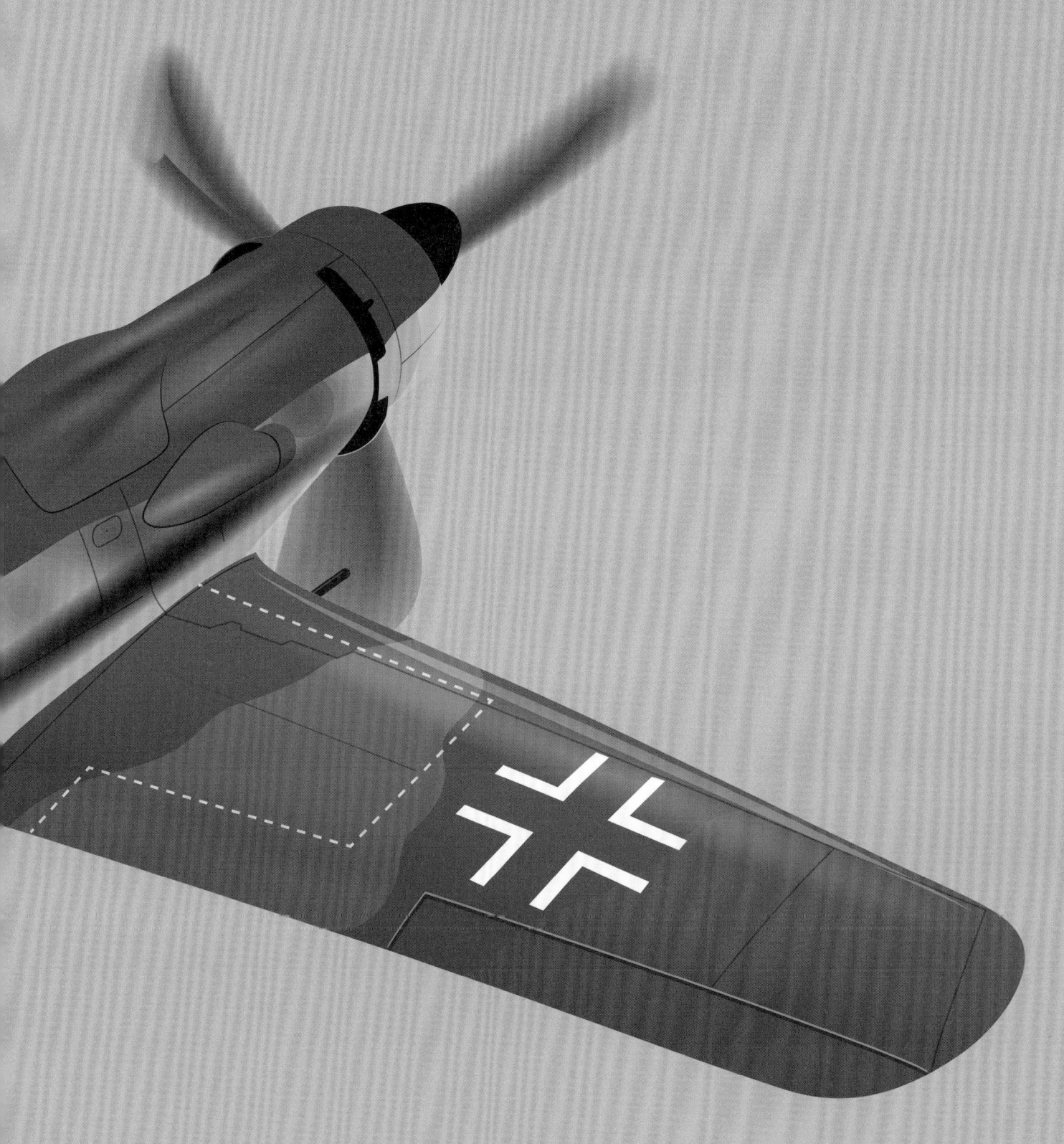

포케불프 Fw 190D-9 도라, 1944년
Focke-Wulf Fw 190D-9 *Dora*

이 전투기의 별명은 '긴 코'랍니다.
나치 독일의 강력한 이 전투기는 고도 1만 2000미터에서 날 수 있도록 설계되었는데,
엔진이 일자형으로 길어서 기수도 그만큼 길어져야 했어요. 1944년 여름에 처음 등장했지만,
전쟁의 흐름을 바꾸기에는 너무 늦었지요.

군용기

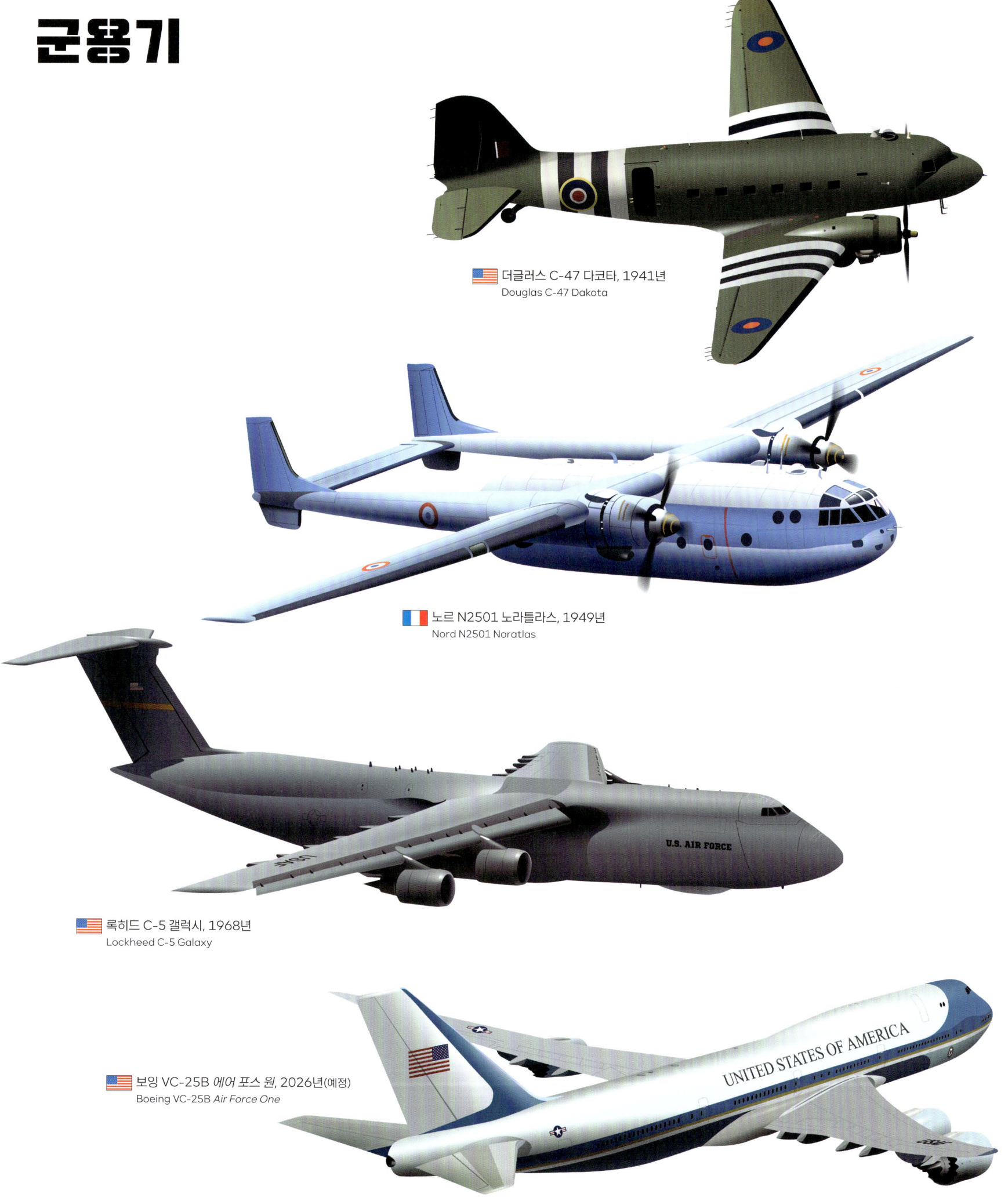

🇺🇸 더글러스 C-47 다코타, 1941년
Douglas C-47 Dakota

🇫🇷 노르 N2501 노라틀라스, 1949년
Nord N2501 Noratlas

🇺🇸 록히드 C-5 갤럭시, 1968년
Lockheed C-5 Galaxy

🇺🇸 보잉 VC-25B 에어 포스 원, 2026년(예정)
Boeing VC-25B *Air Force One*

🇺🇸 보잉 E-3 센트리, 1975년
Boeing E-3 Sentry

🇪🇺 에어버스 A400M 아틀라스, 2009년
Airbus A400M Atlas

🇨🇳 시안 Y-20, 2013년
Xian Y-20

🇺🇸 보잉 KC-135 스트래토탱커, 1956년
Boeing KC-135 Stratotanker

수직 이착륙 항공기

🇺🇸 록히드 마틴 F-35B 라이트닝 II, 2008년
Lockheed Martin F-35B Lightning II

정보 감시 정찰 임무도 같이 할 수 있는 전투 폭격기예요. F-35B는 레이더에 포착되지 않도록 만들어진 F-35A에 수직으로 이착륙을 할 수 있도록 하는 각종 장치를 추가한 항공기예요. F-35B는 레이더에 포착되지 않는 최초의 수직 이착륙 전투기 시대를 열었답니다!

🇳🇿 포케불프 트리프플뤼겔
Focke-Wulf Triebflügel

트리프플뤼겔은 제트 엔진을 각각 장착한 세 개의 회전 날개가 동체를 중심으로 빙글빙글 회전해요. 목표 속도는 시속 1000킬로미터나 되었어요. 나치 독일 과학자들이 1944년 말 히틀러의 비밀 병기로 고안해 냈지만, 곧 2차 세계 대전이 끝나면서 결국 제작조차 되지 못했답니다.

🇺🇸 맥도널 더글러스 AV-8B 해리어 II, 1981년
McDonnell Douglas AV-8B Harrier II

가장 많이 알려진 수직 이착륙 비행기를 소개합니다! 다른 수직 이착륙 항공기들처럼, 해리어 II도 공중에 뜬 채로 제자리에서 방향 전환이 가능해요. 다양한 상황이 벌어지는 공중전에서 더할 나위 없이 유리한 조건이지요.

🇺🇸 벨 보잉 V-22 오스프리, 1989년
Bell Boeing V-22 Osprey

비행기인가요, 헬리콥터인가요? 둘 다예요!
그래서 활주로가 없어도 문제없어요.
오스프리는 수직으로 이륙하고 착륙하지만,
90도로 회전하는 회전 날개가 있어서 비행기처럼
날아요. 편리하면서 아주 빠르답니다!

🇺🇸 컨베어 XFY-1 포고, 1954년
Convair XFY-1 Pogo

포고에는 두 개의 프로펠러가
있는데 서로 반대 방향으로 돌아가요!
제2차 세계 대전 중 나치 독일에서
개발했던 트리프플뤼겔을 본떠서
만들었어요. 하지만 조종하기도
어렵고 제트기보다 너무 느려서,
실제로 생산하지는 못했답니다.

🇨🇳 야코블레프 Yak-38 포저, 1971년
Yakovlev Yak-38 Forger

포저는 항공모함에서 이착륙하는
함재기예요. 영국의 해리어에
맞서기 위해 소련에서 만들었지요.
하지만 해리어에 비해 결점이
너무 많아서 1990년대 초 비행이
중단되었어요.

현대전의 전투기

다쏘 라팔 M

🇫🇷 다쏘 라팔 M, 1986년
Dassault Rafale M

라팔은 처음 만들 때부터 공군의 공항 활주로에서뿐만 아니라 해군 항공모함에서도 날아오를 수 있도록 만들었어요! 공군에서 쓰는 라팔 중 조종사가 한 명이 타는 1인승은 라팔 C, 2인승은 라팔 B라고 불러요. 그리고 해군 항공모함에서 쓰는 라팔은 라팔 M이라고 부른답니다. 개발이 어려워서 1986년 처음으로 비행한 지 15년이나 지난 후에야 운영을 시작할 수 있었어요. 라팔은 지난 20년간 꾸준하게 성능도 개량하고 각종 전쟁에 참전하여 우수한 전과를 올렸어요. 덕분에 세계에서 가장 잘 팔리는 전투기 중 하나가 되었답니다!

헬리콥터

쉬드 항공/아에로스파시알 알루에트 III, 1959년
Sud Aviation/Aerospatiale Alouette III

유로콥터 X3, 2010년
Eurocopter X3

시코르스키 CH-53E 슈퍼 스탤리온, 1974년
Sikorsky CH-53E Super Stallion

벨 212, 1968년
Bell 212

에어버스 헬리콥터스 H145, 1999년
Airbus Helicopters H145

밀 Mi-6 훅, 1957년
Mil Mi-6 Hook

곡예비행기

🇩🇪 **뷔커 Bü 133 융마이스터, 1936년**
Bucker Bü 133 Jungmeister

이 비행기의 특기가 무엇인지 아세요? 배면 저공비행이에요! 강력한 엔진, 넓은 동체, 좁고 긴 날개를 갖춘 Bü 133 융마이스터는 고품격의 완벽한 비행을 했어요. 이 비행기는 나치 독일군 조종사들을 훈련시키는 기종이었답니다.

🇺🇸 **피츠 스페셜 S-1, 1944년**
Pitts Special S-1

오늘날 제작된 기종들도 원조 기종에 가까워요! 복엽기로 설계된 민첩한 피츠 스페셜 S-1은 1960년대와 1970년대의 많은 경주에서 우승한 비행기 중의 하나예요.

🇩🇪 **엑스트라 300S, 1992년**
Extra 300S

최고의 곡예비행 전문가는 엑스트라 300S랍니다. 경주용이면서 고난도의 곡예비행도 할 수 있는 300S는 프랑스, 칠레, 요르단, 그리고 말레이시아 공군의 곡예비행 팀에서 선택했어요! 300S는 날개를 나무로 만들고, 동체는 알루미늄으로 뼈대를 만든 뒤 천으로 감쌌어요. 이렇게 아주 가볍게 만들어진 덕분에 곡예비행에 적합하다고 해요.

🇨🇳 **수호이 Su-26M3, 1985년**
Sukhoi Su-26M3

소련 시절 만든 Su-26은 그 어떤 다른 곡예비행기보다 극단적으로 화려한 곡예비행을 할 수 있는 성능을 갖고 있어요. 덕분에 1980년대 후반부터 2000년대까지의 국제 곡예비행 대회에서 우승을 휩쓸었답니다.

🇩🇪 익스트림에어 XA41, 2006년
XtremeAir XA41

동체와 날개 전체를 복합 소재, 특히 탄소 섬유로 만든 최초의 곡예비행기랍니다. 무게가 가볍고 강력한 엔진을 장착하여 최대 시속 400킬로미터의 속도로도 화려한 쇼를 펼칠 수 있어요.

🇨🇿 즐린 Z-50L, 1975년
Zlín Z-50L

당시 많은 곡예비행기들이 뼈대만 알루미늄을 쓰고 나머지 부분에는 나무를 쓰고 있었어요. 반면 Z-50L은 기체 대부분이 알루미늄으로 만들어져 고난이도 비행이 가능했어요. 덕분에 1970년대 말부터 1980년대 중반까지 국제 곡예비행 대회에서 3번의 우승을 차지할 수 있었지요. Z-50L은 Su-26이 등장하기 전까지 가장 뛰어난 곡예비행기였어요.

지 비 R-1

🇺🇸 지 비 R-1, 1932년
Gee Bee R-1

1930년대에 미국에서의 경주와 곡예비행을 주름잡았던 스타예요!
믿을 수 없을 만큼 강력한 엔진은 장점이지만, 기체가 매우 불안정하고
위험하다는 단점으로 인해 수많은 조종사가 죽음을 맞았어요.

초경량 항공기와 글라이더

🇩🇪(나치) **슈나이더 SG 38, 1938년**
Schneider SG 38

조종하기 쉽고 수리하기도 쉬워서, 제2차 세계 대전 동안 나치 독일 조종사들의 기초 비행 훈련용으로 가장 많이 운용된 1인승 글라이더예요.

🇩🇪 **슈엠프-히르트 야누스 C, 1974년**
Schempp-Hirth Janus C

야누스 C는 탄소 섬유로 만들어진 폭 20미터의 날개를 장착한 2인승 글라이더예요. 고성능이면서 내구성이 좋아요. 그래서 다양한 지형의 상공을 나는 법을 숙련시키기 위한 교육용으로 많이 사용하고 있지요!

🇬🇧 **에어스피드 AS.51 호르사, 1941년**
Airspeed AS.51 Horsa

25명의 공수 부대원을 어떻게 수송할 수 있을까요? 호르사 한 대면 충분해요! 호르사는 전체를 나무로 만들었어요. 덕분에 제작비와 운용비가 저렴하고 엔진이 달려 있지 않아 공수 부대원들을 은밀하게 적지에 보낼 수 있었어요. 그래서 제2차 세계 대전에서 널리 쓰였지요. 특히 1944년 6월 제2차 세계 대전의 판도를 바꾼 노르망디 상륙 작전에서 큰 공을 세웠어요.

🇫🇷 **DTA 자이로 914, 2011년**
DTA J-RO 914

위쪽에는 헬기처럼 장착된 로터가 달려 있고, 뒤쪽에는 프로펠러를 갖추고 있는 초경량 항공기예요. 엔진으로는 뒤쪽 프로펠러를 돌려서 앞으로 나아가고, 위쪽 로터는 바람개비처럼 앞으로 나아갈 때 발생한 공기의 힘으로만 돌아가요. '회전하는 것'을 뜻하는 '자이로'가 공기의 힘으로 자동으로 돌아간다고 해서 '오토자이로'라고 불러요. 로터가 엔진의 힘으로 돌아가는 게 아니라서 헬기처럼 제자리에서 뜨고 내릴 수는 없어요. 하지만 구조가 간단하고 저렴해서 레저용으로 널리 쓰이고 있어요.

🇫🇷 에어 크리에이션 타나르그, 2000년
Air Creation Tanarg

타나르그는 폭 10미터의 삼각형 천으로 된 날개를 갖춘 2인승 행글라이더예요. 글라이더 동체를 밧줄과 금속 프레임 등으로 날개에 매단 것 같이 생겨서 행글라이더라고 부르지요.

🇿🇦 용커르 JS1 C 레블레이션, 2012년
Jonker Sailplanes JS1 C Revelation

JS1 C는 미끄러지듯 활공 비행을 하는 경주용 글라이더예요. 원래 18미터였던 JS1의 날개폭을 3미터를 늘려서 21미터로 만들었어요. 그리고 활강 속도를 늘리기 위해 날개 끝에 물을 채운 저장 탱크를 달았어요. 덕분에 국제 글라이더 경주에서 여러 번 우승을 차지했어요.

경량 항공기

🇺🇸 에어론카 7 챔피언, 1944년
Aeronca 7 Champion

🇺🇸 시러스 SR22, 2000년
Cirrus SR22

🇺🇸 세스나 L-19 버드 독, 1949년
Cessna L-19 Bird Dog

🇫🇷 로빈 HR200, 1971년
Robin Aircraft HR200

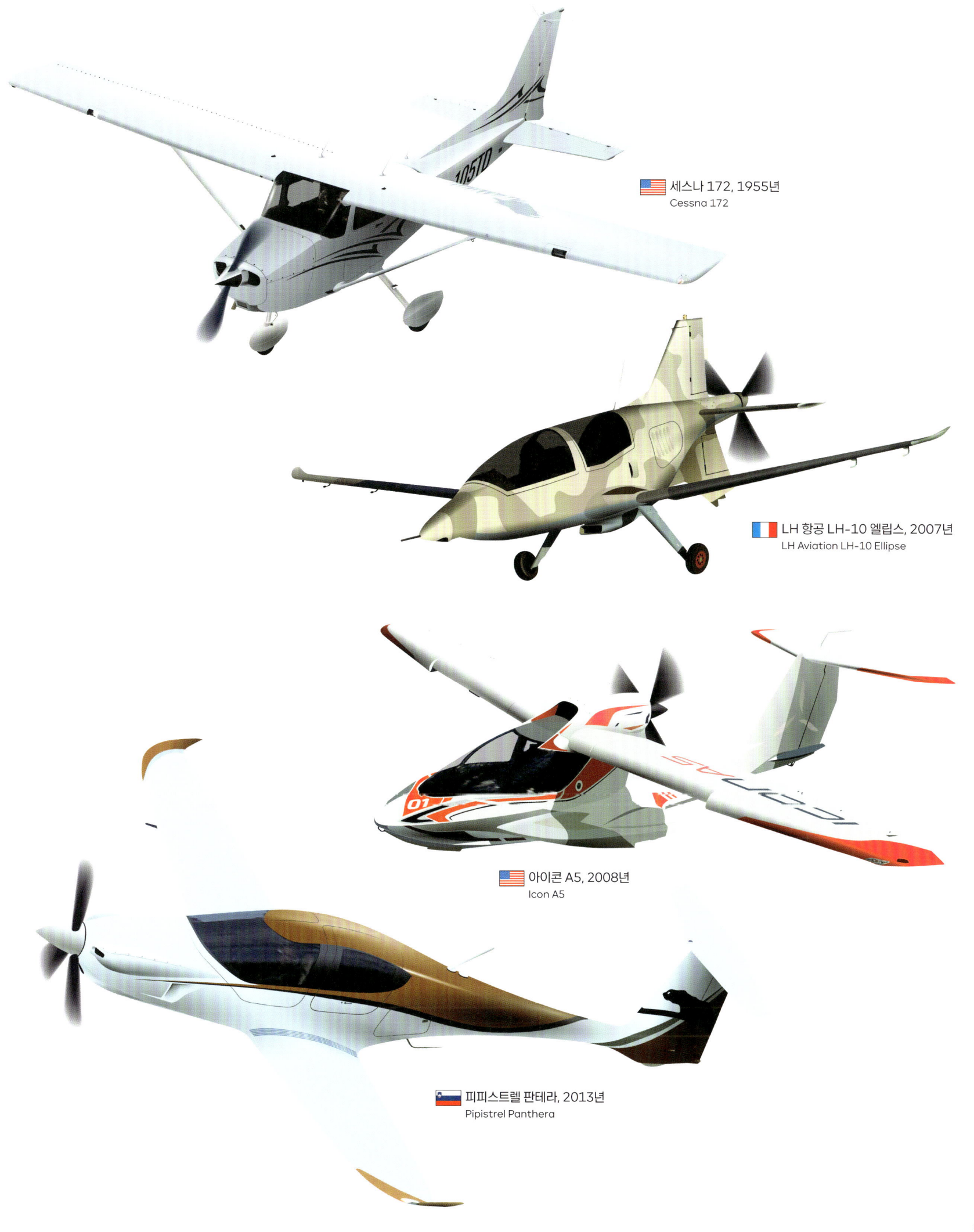

세스나 172, 1955년
Cessna 172

LH 항공 LH-10 엘립스, 2007년
LH Aviation LH-10 Ellipse

아이콘 A5, 2008년
Icon A5

피피스트렐 판테라, 2013년
Pipistrel Panthera

수상기

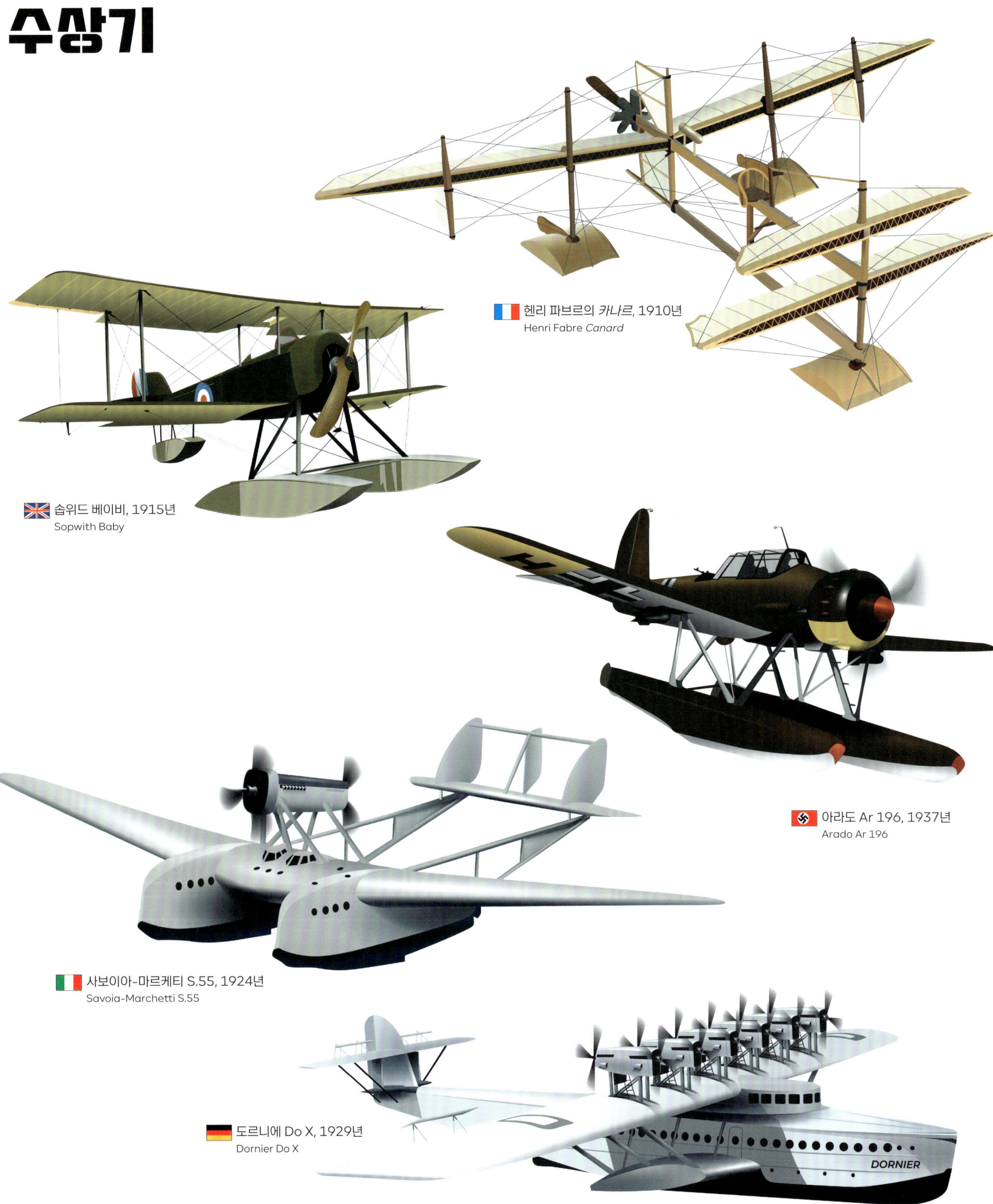

헨리 파브르의 *카나르*, 1910년
Henri Fabre *Canard*

솝위드 베이비, 1915년
Sopwith Baby

아라도 Ar 196, 1937년
Arado Ar 196

사보이아-마르케티 S.55, 1924년
Savoia-Marchetti S.55

도르니에 Do X, 1929년
Dornier Do X

캐나데어 CL-415

🍁 캐나데어 CL-415 슈퍼스쿠퍼, 1993년
Canadair CL-415 *Superscooper*

불 끄는 소방 항공기 중 가장 유명하고 성능이 뛰어난 수상기예요. 호수나 강 수면을 훑으면서 물탱크에 최대 6140리터의 물을 채워요. 다른 소방 항공기들은 화재 현장에서 물을 다 쓰면 다시 물을 채우기 위해 기지로 복귀해야 해요. 하지만 CL-415는 물에서 뜨고 내릴 수 있는 수상기예요. 덕분에 화재 현장에서 물을 투하한 이후 기지로 복귀할 필요 없이 다시 화재 현장으로 빠르게 투입할 수 있어요. 이것이 CL-415가 산불과 같은 대형 화재 현장에서 가장 뛰어난 이유이지요.

여객기

비즈니스 항공기

🇺🇸 세스나 310, 1953년
Cessna 310

🇺🇸 시러스 비전 SF50, 2008년
Cirrus Vision SF50

🇮🇹 피아지오 P.180 아반티, 1986년
Piaggio P.180 Avanti

🇧🇷 엠브라에르 페넘 100, 2007년
Embraer Phenom 100

보잉 787 드림라이너

🇺🇸 보잉 787 드림라이너, 2009년
Boeing 787 Dreamliner

2011년부터 항공사에서 정식으로 운항을 시작한 787은 동체를 복합 소재로 만들어서 알루미늄으로 만드는 다른 여객기보다 가벼워요. 덕분에 같은 크기의 여객기들보다 연료를 20퍼센트나 적게 소비해요. 항속 거리가 1만 5000킬로미터나 되는데, 이는 엔진이 두 개 달린 여객기로는 세계에서 제일 멀리 날 수 있는 거리랍니다.

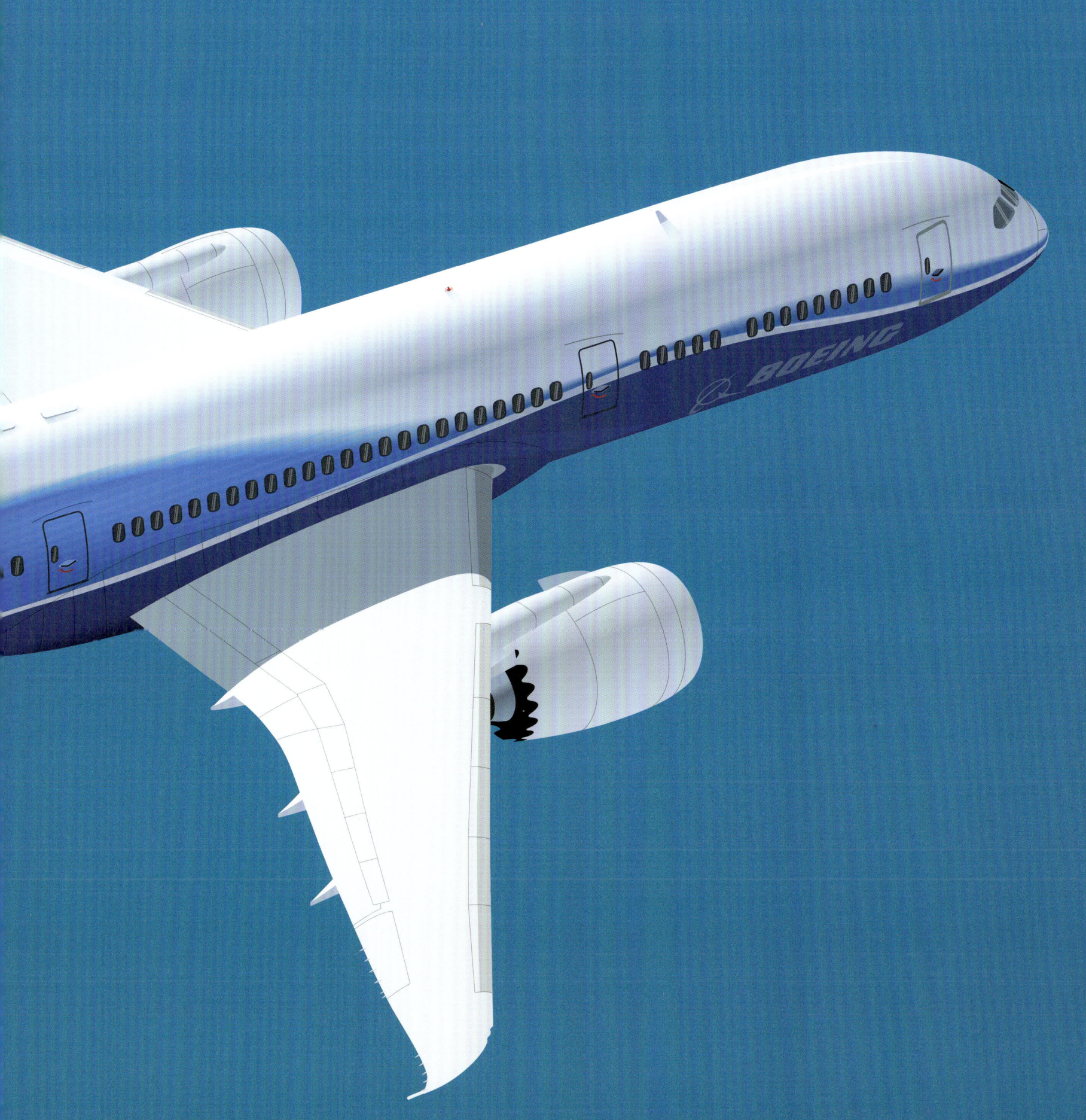

대형 항공기

쿠지네 70 아크앙시엘, 1934년
Couzinet 70 Arc-en-Ciel

일류신 Il-76, 1971년
Ilyushin Il-76

브리스톨 슈퍼프라이터, 1953년
Bristol Superfreighter

안토노프 An-124 콘도르, 1982년
Antonov An-124 Condor

안토노프 An-225 코사크, 1988년
Antonov An-225 Cossack

맥도널 더글러스 DC-10, 1970년
McDonnell Douglas DC-10

록히드 마틴 P-791 하이브리드 비행선, 2016년
Lockheed Martin P-791 Hybrid Airship

에어로 스페이스라인즈 슈퍼 구피, 1965년
Aero Spacelines Super Guppy

록히드 마틴 C-130 허큘리스, 1954년
Lockheed Martin C-130 Hercules

에어버스 A330-743L 벨루가XL

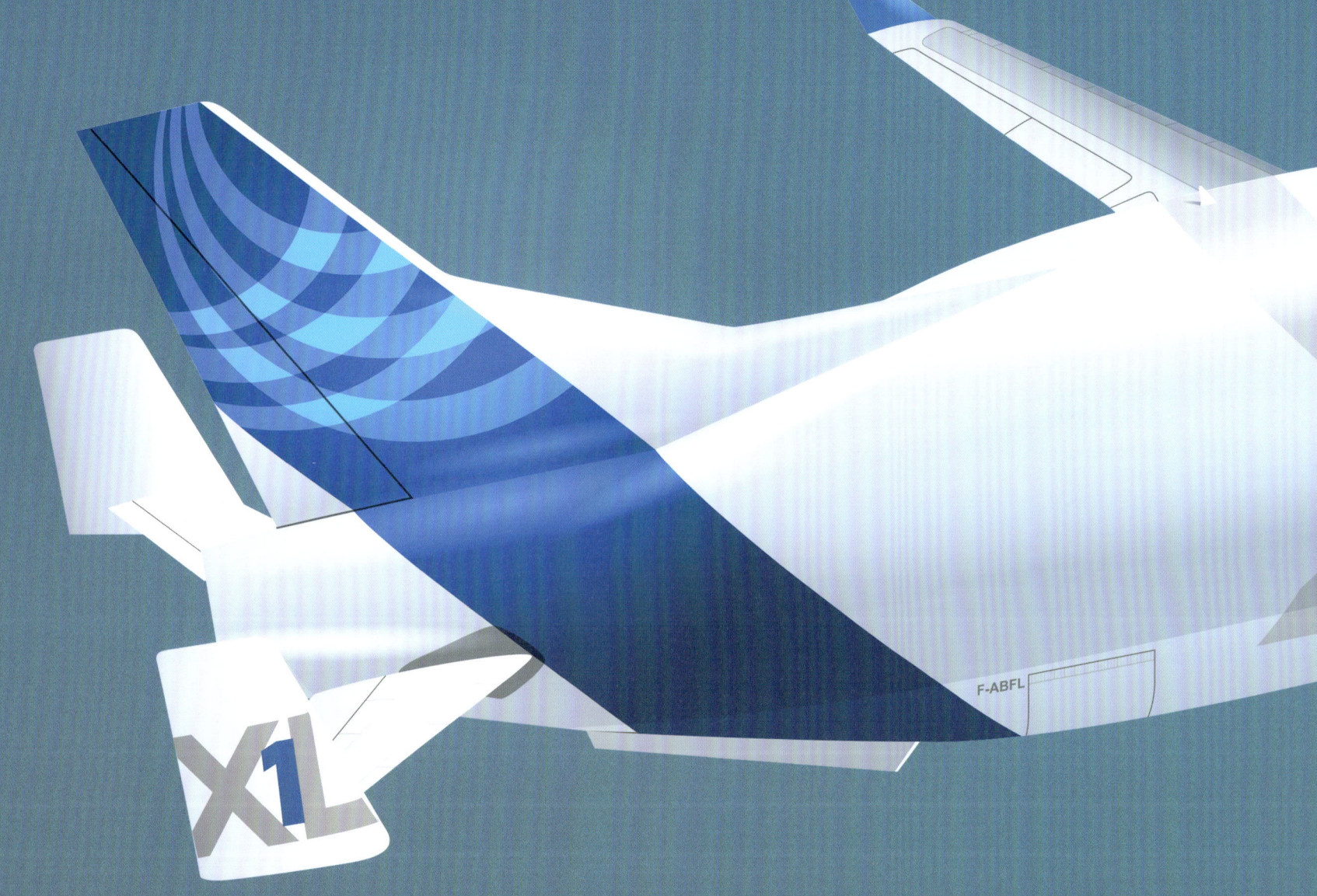

🇪🇺 에어버스 A330-743L 벨루가XL, 2018년
Airbus A330-743L BelugaXL

항공기에도 엑스라지 사이즈가 있어요! 생김새가 흰돌고래 벨루가를 닮았다고 해서 이름까지 벨루가예요. 벨루가XL은 높이가 18.9미터이고 길이는 63.1미터예요. 원래 155톤의 화물을 실을 수 있는 벨루가를 더 크게 만든 덕분에 벨루가XL은 227톤의 화물을 실을 수 있답니다. 벨루가XL의 임무는 에어버스 항공기들의 부품을 수송하는 일이에요. 유럽 전역에 흩어져 있는 에어버스의 여러 공장에 들러 전면 상단부를 열어 부품을 넣은 뒤 실어 날라요.

기록을 보유한 항공기

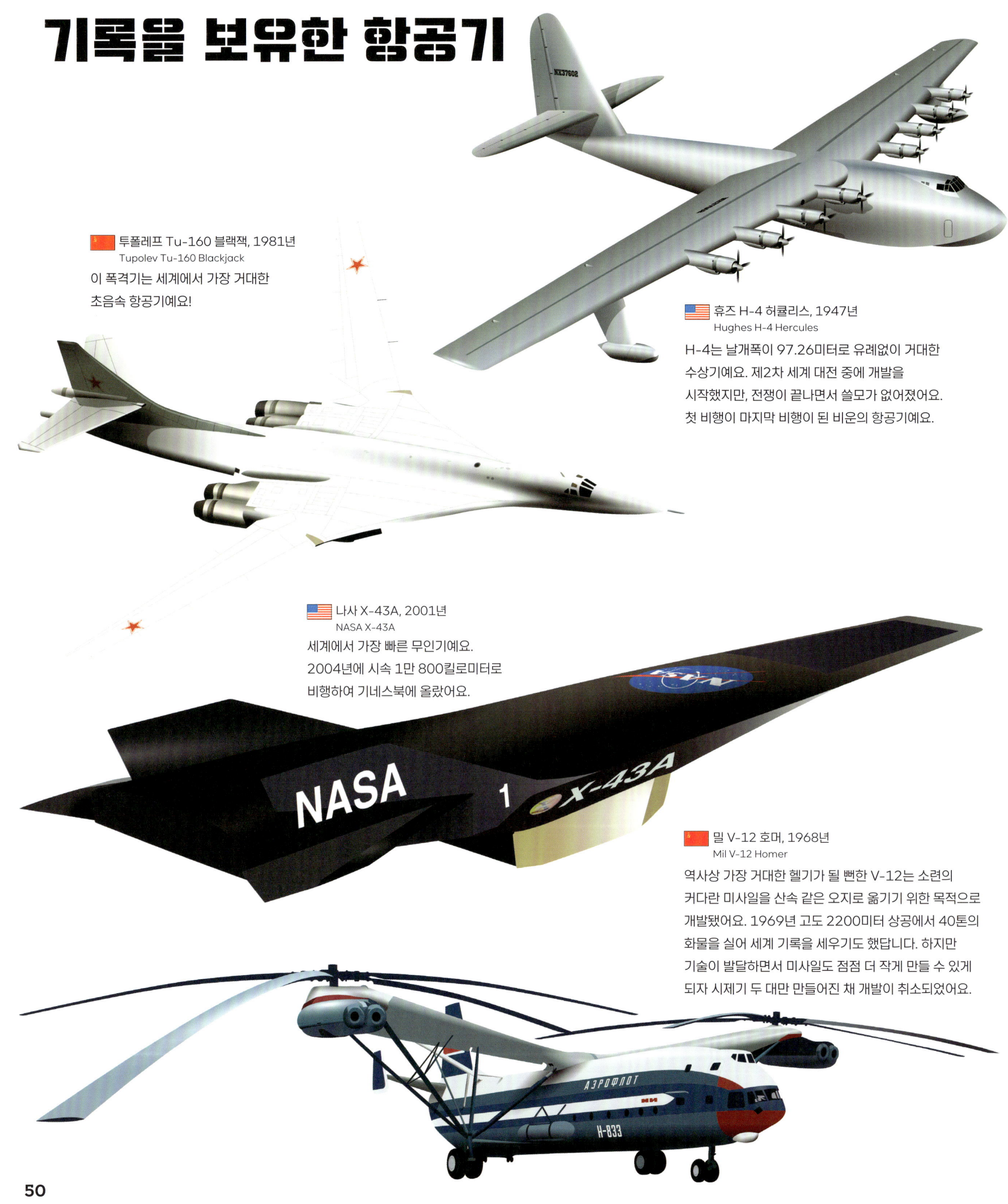

투폴레프 Tu-160 블랙잭, 1981년
Tupolev Tu-160 Blackjack

이 폭격기는 세계에서 가장 거대한 초음속 항공기예요!

휴즈 H-4 허큘리스, 1947년
Hughes H-4 Hercules

H-4는 날개폭이 97.26미터로 유례없이 거대한 수상기예요. 제2차 세계 대전 중에 개발을 시작했지만, 전쟁이 끝나면서 쓸모가 없어졌어요. 첫 비행이 마지막 비행이 된 비운의 항공기예요.

나사 X-43A, 2001년
NASA X-43A

세계에서 가장 빠른 무인기예요. 2004년에 시속 1만 800킬로미터로 비행하여 기네스북에 올랐어요.

밀 V-12 호머, 1968년
Mil V-12 Homer

역사상 가장 거대한 헬기가 될 뻔한 V-12는 소련의 커다란 미사일을 산속 같은 오지로 옮기기 위한 목적으로 개발됐어요. 1969년 고도 2200미터 상공에서 40톤의 화물을 실어 세계 기록을 세우기도 했답니다. 하지만 기술이 발달하면서 미사일도 점점 더 작게 만들 수 있게 되자 시제기 두 대만 만들어진 채 개발이 취소되었어요.

콜롬반 MC-10 크리-크리, 1973년
Colomban MC-10 Cri-Cri

역사상 가장 작은 쌍발기예요.
무게가 78킬로그램밖에 나가지 않지만,
시속 262킬로미터로 날 수 있어요.

록히드 SR-71 블랙버드, 1964년
Lockheed SR-71 Blackbird

1976년에 시속 3530킬로미터의 최고 속도 비행 기록을
세웠어요. 시험기를 제외하면 실용 항공기 중 역사상 가장
빠른 항공기로 기록되고 있어요. 아주 빠르고 높이 날기
때문에 레이더에도 잘 잡히지 않는답니다!

MiG-25 폭스배트, 1964년
MiG –25 Foxbat

1977년에 고도 3민 7650미터에 도달한
세계에서 가장 높이 난 전투기입니다!

카이가 AG600, 2017년
CAIGA AG600

해양 탐색구조 겸 대형 화재 진압용으로 개발됐어요.
물 위에서, 활주로 위에서 모두 비행할 수 있는
세계에서 가장 큰 수륙 양용기예요!

친환경 항공기와 특이한 항공기

🇺🇸 **루탄 바리에즈, 1975년**
Rutan VariEze

'바리에즈'라는 이름은 영어의 'very easy'에서 유래되었어요. 그만큼 조종하기 쉬워요. 특이한 구조와 가벼운 복합 소재로 만들어서 연료 1리터로 19킬로미터를 날 수 있어요. 연료 효율이 매우 높아서 비행 애호가들에게 큰 인기를 얻었지요.

🇺🇸 **드 라크너 HZ-1 에어로사이클, 1954년**
De Lackner HZ-1 Aerocycle

최초로 개발된 개인용 정찰 헬리콥터로, 군인 한 명을 서 있는 상태로 수송할 수 있어요!

🇺🇸 **그루먼 X-29, 1984년**
Grumman X-29

날개가 거꾸로 달렸다고요? 아니에요. 앞쪽으로 난 모양의 날개라고 해서 '전진익'이라고 불러요. X-29는 전투기가 공중에서 급격하게 움직여도 추락할 위험이 없는 날개 모양인 전진익 실험용 비행기예요.

🇨🇭 **솔라 임펄스 1, 2009년**
Solar Impulse 1

솔라 임펄스 1은 태양광으로 구동되는 전기 모터를 장착한 항공기예요. 2013년에 미국을 가로지르는 첫 대륙 횡단 비행을 완수했어요. 솔라 임펄스 1을 잇는 솔라 임펄스 2가 2015년~2016년에 항공 연료를 단 한 방울도 쓰지 않고 오직 태양광만으로 지구를 한 바퀴 비행하는 기록을 남겼지요!

🇺🇸 **테일러 에어로카 III, 1949년**
Taylor Aerocar III

이륙할 준비가 되었나요? 아니면 달릴 건가요? 세계 최초의 실용 비행 자동차인 에어로카 III는 자동차로 변신하는 데 5분이면 충분해요!

🇪🇺 **에어버스 A310 제로 G, 2015년**
Airbus A310 Zero G

🇺🇸 케이맨 K-맥스, 1991년
Kaman K-Max

이 헬리콥터는 반대 방향으로 도는 'V'자형의 회전 날개가 두 개 있어요. 조종사가 탑승하는 유인 헬기로 개발되었지만 2011년 조종사 없이 무인으로 첫 비행에 성공했어요.

🇺🇸 노스 아메리칸 F-82 트윈 머스탱, 1945년
North American F-82 Twin Mustang

1940~1950년대의 전투기는 장거리를 비행하는 폭격기들을 호위하기에 항속 거리가 짧았어요. 그래서 F-82는 전투기 두 대를 붙여서 항속 거리를 늘렸어요. 긴 시간 비행하는 동안 두 명의 조종사가 교대로 식사도 하고 잠을 자기도 했어요.

🇨🇳 바르티니 베리예프 VVA-14, 1972년
Bartini Beriev VVA-14

이 항공기는 미사일을 발사하는 잠수함을 추격하기 위해 바다에서도, 활주로에서도 수직으로 이착륙할 수 있어요. 역사상 최초이자 마지막으로 시도된 수직 이착륙 수륙 양용기였지요. 하지만 너무 무리한 성능을 목표로 잡은 탓에 첫 비행에 성공한 지 2년 만에 개발이 중단되었어요.

🇯🇵 규슈 J7W1 신덴, 1945년
Kyushu J7W1 Shinden

제2차 세계 대전 당시 모든 전투기가 엔진을 앞에 달고 있을 때 '신덴'은 엔진을 뒤에 달았고, 앞쪽에는 귀 날개를 달고 있었어요. 일본 본토를 폭격하던 미 공군 폭격기들을 잡기 위해 개발되었지만, 첫 비행하고 얼마 되지 않아 일본 제국이 항복하면서 한 번도 출격하지 못했어요.

🇨🇳 알렉세예프 룬급 위그선, 1986년
Alekseyev Central Hydrofoil Lun-class Ekranoplan

룬은 길이가 73.8미터이고, 최대 무게가 380톤이나 나갈 정도로 거대해요. 그래서 '카스피해의 괴물'이라는 별명을 가지고 있어요. 룬은 비행기이면서 배이기도 한데, 이러한 비행기를 우리는 '위그선'이라고 불러요. 수면 위 1~5미터 높이를 스치듯 날면서 시속 500킬로미터로 갈 수 있어요!

보우트 V-173 플라잉 팬케이크

🇺🇸 보우트 V-173 플라잉 팬케이크, 1942년
Vought V-173 *Flying Pancake*

**비행접시인가요? 아니요, 수직으로 이륙하고 착륙하는 비행기예요.
동체 전체가 날개 역할을 해서 튼튼하고 저속에서도 성능이 뛰어났어요.
하지만 개발 도중 제2차 세계 대전이 끝났어요. 그리고 뒤이어 제트기의
시대가 오면서 프로펠러기였던 V-173의 개발은 1947년에 취소되었답니다.**

무인기

🇺🇸 **노스롭 그루먼 RQ-4 글로벌 호크, 1998년**
Northrop Grumman RQ-4 Global Hawk

여객기인가요? 아니요, 날개의 폭이 40미터나 되는 초대형 무인기예요. 1만 8000미터의 높은 고도를 30시간 이상 비행하면서 정찰 임무를 수행해요.

🇪🇺 **EADS 하르팡, 2006년**
EADS Harfang

하르팡은 이스라엘의 무인기 헤론을 프랑스 공군의 요구에 맞게 개조한 무인기예요. 24시간 동안 무급유 비행이 가능하고 항속 거리가 1000킬로미터예요. 하지만 춥거나 습기가 많은 환경에서는 운용에 어려움을 많이 겪어서 도입 10년만인 2008년 퇴역했어요.

🇺🇸 **제너럴 아토믹스 MQ-9 리퍼, 2001년**
General Atomics MQ-9 Reaper

리퍼는 미사일이나 폭탄을 장착하는 가장 강력한 전투형 무인기예요. 리퍼의 원조는 정찰용으로 개발한 MQ-1 프레데터(Predator)예요. 프레데터에 미사일이나 폭탄을 달아서 운용했는데 효과가 너무 좋았어요. 그래서 프레데터를 더욱 크게 만들어 더 많은 미사일과 폭탄을 실을 수 있게 만든 것이 리퍼예요.

🇫🇷 **다쏘 뉴런, 2012년**
Dassault nEUROn

미국이 만든 전투형 무인기 MQ-9 리퍼의 성공은 유럽에 큰 자극이 되었어요. 그래서 프랑스의 주도로 유럽 6개국이 합동으로 전투형 무인기 뉴런을 만들었어요. 뉴런은 레이더에 탐지되기 어렵게 만든 스텔스 전투형 무인기예요.

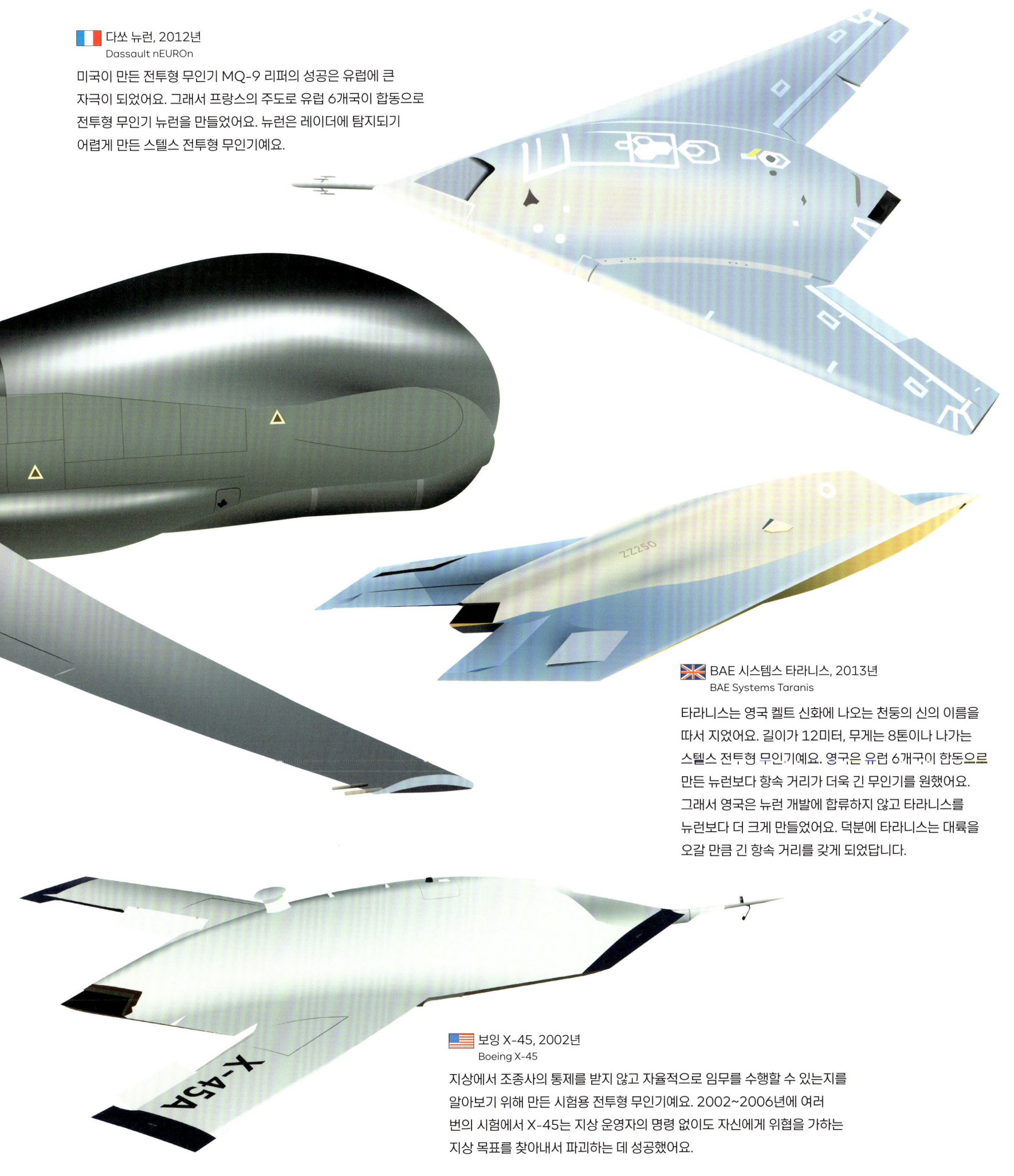

🇬🇧 **BAE 시스템스 타라니스, 2013년**
BAE Systems Taranis

타라니스는 영국 켈트 신화에 나오는 천둥의 신의 이름을 따서 지었어요. 길이가 12미터, 무게는 8톤이나 나가는 스텔스 전투형 무인기예요. 영국은 유럽 6개국이 합동으로 만든 뉴런보다 항속 거리가 더욱 긴 무인기를 원했어요. 그래서 영국은 뉴런 개발에 합류하지 않고 타라니스를 뉴런보다 더 크게 만들었어요. 덕분에 타라니스는 대륙을 오갈 만큼 긴 항속 거리를 갖게 되었답니다.

🇺🇸 **보잉 X-45, 2002년**
Boeing X-45

지상에서 조종사의 통제를 받지 않고 자율적으로 임무를 수행할 수 있는지를 알아보기 위해 만든 시험용 전투형 무인기예요. 2002~2006년에 여러 번의 시험에서 X-45는 지상 운영자의 명령 없이도 자신에게 위협을 가하는 지상 목표를 찾아내서 파괴하는 데 성공했어요.

우주선

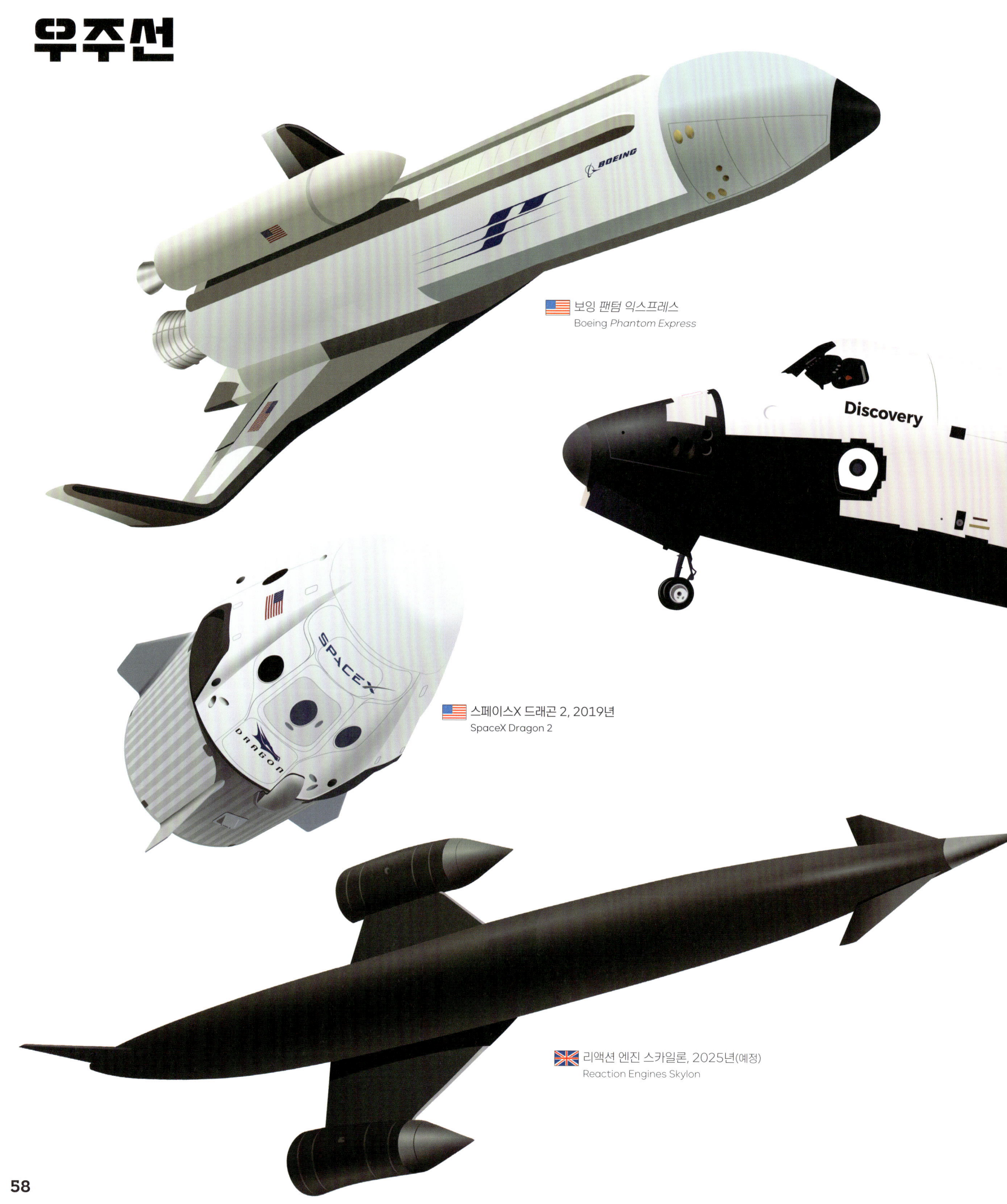

보잉 팬텀 익스프레스
Boeing Phantom Express

스페이스X 드래곤 2, 2019년
SpaceX Dragon 2

리액션 엔진 스카일론, 2025년(예정)
Reaction Engines Skylon

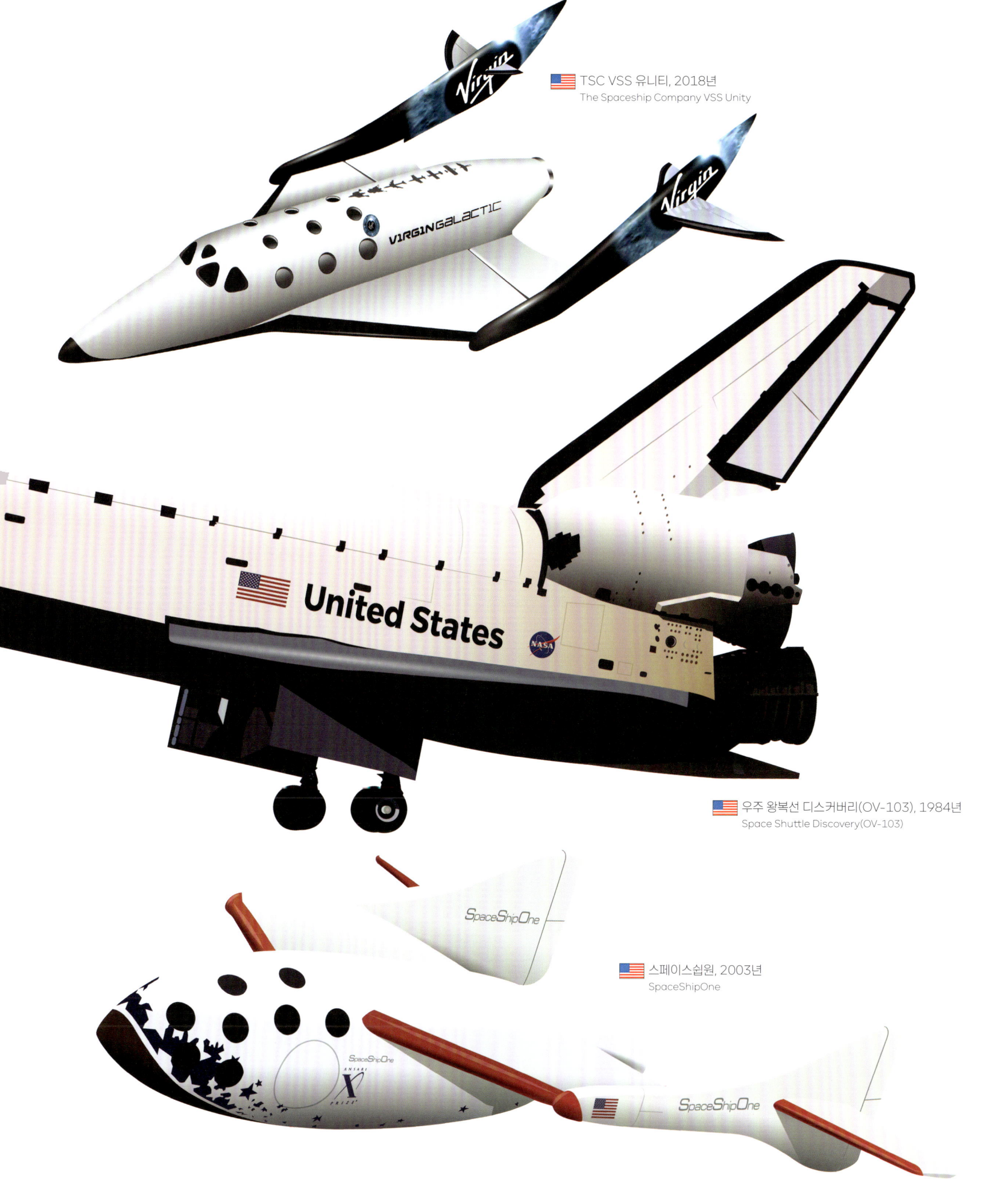

🇺🇸 TSC VSS 유니티, 2018년
The Spaceship Company VSS Unity

🇺🇸 우주 왕복선 디스커버리(OV-103), 1984년
Space Shuttle Discovery(OV-103)

🇺🇸 스페이스쉽원, 2003년
SpaceShipOne

찾아보기

ㄱ
규슈 J7W1 신덴 53
그루먼 X-29 52

ㄴ
나사 X-43A 50
노르 N2501 노라틀라스 18
노스롭 그루먼 RQ-4 글로벌 호크 56
노스 아메리칸 F-82 트윈 머스탱 53
노스 아메리칸 P-51 머스탱 15
뉴포르 17 13

ㄷ
다쏘 뉴런 57
다쏘 라팔 M 24
다쏘 미라주 2000 23
다쏘 팰컨 8X 43
더글러스 C-47 다코타 18
도르니에 Do X 36
드 라크너 HZ-1 에어로사이클 52
드므와젤 8
드부아틴 D.520 15
드 하빌랜드 캐나다 DHC-2 비버 37
드 하빌랜드 DH.89 드래곤 래피드 40

ㄹ
라이언 NYP 스피릿 오브 세인트루이스 . . 9
라이트 형제의 플라이어 I 8
라테코에르 300 37
로빈 HR200 34
로열 에어크래프트 팩토리 S.E.5 13
록히드 마틴 C-130 허큘리스 47
록히드 마틴 F-16 파이팅 팰컨 22
록히드 마틴 F-22 랩터 22
록히드 마틴 F-35B 라이트닝 II 20
록히드 마틴 P-791 하이브리드 비행선 47
록히드 콘스텔레이션 40
록히드 C-5 갤럭시 18
록히드 F-117A 나이트호크 23
록히드 P-38 라이트닝 15
록히드 SR-71 블랙버드 51
루탄 바리에즈 52
리액션 엔진 스카일론 58

ㅁ
맥도널 더글러스 AV-8B 해리어 II 20
맥도널 더글러스 DC-10 47
멀티플랜 8
메서슈미트 Bf 109 14
메서슈미트 Me 262 14
미쓰비시 A6M 제로 15
밀 Mi-6 훅 26
밀 V-12 호머 50

ㅂ
바르티니 베리예프 VVA-14 53
벤슨 B-8 27
벨 212 26
벨 보잉 V-22 오스프리 21
보우트 F4U 콜세어 14
보우트 V-173 플라잉 팬케이크 54
보잉 팬텀 익스프레스 58
보잉 AH-64 아파치 27
보잉 B-17 플라잉 포트리스 15
보잉 B-52 스트래토포트리스 22
보잉 CH-47 치누크 27
보잉 E-3 센트리 19
보잉 KC-135 스트래토탱커 19
보잉 VC-25B 에어 포스 원 18
보잉 X-45 57
보잉 737 41
보잉 747 41
보잉 787 드림라이너 44
뷔커 Bü 133 융마이스터 28
브레게 XIV 10
브리스톨 슈퍼프라이터 46
블레리오 XI 9
비치크래프트 킹 에어 43

ㅅ
사보이아-마르케티 S.55 36
사브 JAS 39 그리펜 22
선양 FC-31 저팰콘 23
세스나 사이테이션 CJ3 43
세스나 L-19 버드 독 34
세스나 172 35
세스나 310 42
솔라 임펄스 1 52
솝위드 베이비 36
쇼트 L.17 실라 40
쇼트 S.23 엠파이어 37
수호이 Su-26M3 28
수호이 Su-35 플랭커-E 22
수호이 Su-57 팰런 23
쉬드 항공/아에로스파시알 알루에트 III . . 26
쉬드 항공 카라벨 40
슈나이더 SG 38 32
슈엠프-히르트 야누스 C 32
슈퍼머린 스핏파이어 LF Mk IX 14

스패드 XIII 13	우주 왕복선 디스커버리(OV-103) 59	**ㅍ**
스페이스쉽원 59	유로콥터 X3 26	파나비아 토네이도 23
스페이스X 드래곤 2 58	융커스 Ju 52 40	파르망 MF.11 12
시러스 비전 SF50 42	융커스 Ju 87 슈투카 14	파이퍼 PA-18 슈퍼 커브 37
시러스 SR22 34	익스트림에어 XA41 29	파이퍼 PA-44 세미놀 41
시안 Y-20 19	일류신 Il-2 슈투르모빅 14	페어차일드 리퍼블릭 A-10
시코르스키 CH-53E 슈퍼 스탤리온 26	일류신 Il-76 46	선더볼트 II 워트호그 23
		포커 D. VII 12
ㅇ	**ㅈ**	포커 Dr.I 12
아라도 Ar 196 36	제너럴 아토믹스 MQ-9 리퍼 56	포케불프 트리프플뤼겔 20
아비아틱 B.I 12	즐린 Z-50L 29	포케불프 Fw 190D-9 *도라* 16
아이콘 A5 35	지 비 R-1 30	피아지오 P.180 아반티 42
안토노프 An-124 콘도르 46		피츠 스페셜 S-1 28
안토노프 An-225 코사크 46	**ㅊ**	피피스트렐 판테라 35
알렉세예프 룬급 위그선 53	체펠린 LZ-127 *그라프 체펠린* 9	
애덤 A700 애덤제트 43		**ㅎ**
앨버트로스 D.V 13	**ㅋ**	하인켈 He 219 15
야코블레프 Yak-38 포저 21	카모프 Ka-52 앨리게이터 27	핸들리 페이지 V/1500 13
에어로 스페이스라인즈 슈퍼 구피 47	카이가 AG600 51	헨리 파브르의 *카나르* 36
에어론카 7 챔피언 34	캐나데어 CL-415 38	휴즈 H-4 허큘리스 50
에어버스 헬리콥터스 H145 26	컨베어 XFY-1 포고 21	
에어버스 A310 제로 G 52	케이맨 K-맥스 53	**알파벳**
에어버스 A320 41	콘솔리데이티드 PBY 카탈리나 37	ATR 72 41
에어버스 A330-743L 벨루가XL 48	콜롬반 MC-10 크리-크리 51	BAE 시스템스 타라니스 57
에어버스 A380 41	콩코드 40	DTA 자이로 914 32
에어버스 A400M 아틀라스 19	쿠지네 70 아크앙시엘 46	EADS 하르팡 56
에어스피드 AS.51 호르사 32	클레망 아델의 아비옹 III 8	LH 항공 LH-10 엘립스 35
에어코 DH.2 12		MiG-25 폭스배트 51
에어 크리에이션 타나르그 33	**ㅌ**	NH인더스트리즈 NH90 27
엑스트라 300S 28	테일러 에어로카 III 52	TSC VSS 유니티 59
엠브라에르 페넘 100 42	투폴레프 Tu-22M 백파이어 22	
오토 릴리엔탈의 글라이더 8	투폴레프 Tu-160 블랙잭 50	
용커르 JS1 C 레블레이션 33		